CITOYE

Silence, la violence !

Sylvie Girardet

Illustrations de Puig Rosado

Conception graphique : Joëlle Leblond

© Hatier Littérature Générale, Paris, 1999
*La première édition de « Silence, la violence ! » a été réalisée
avec le soutien de La Fondation de France*

© Hatier, Paris, 2004

Tous droits réservés.
ISBN : 978-2-218-75466-1
Loi n° 49.956 du 16 juillet 1949
sur les publications destinées à la jeunesse.

Il était une fois...

Un petit ver de terre

qui prenait l'air.

Sa tête et sa queue

dépassaient de la terre.

Deux oiseaux surgirent.

L'un par devant,

l'autre par derrière !

L'un prit la tête du petit

ver de terre dans son bec

et l'autre lui attrapa la queue,

chacun croyant avoir fait

une bonne affaire.

Que vont faire les oiseaux ?

Se battre...

Chacun tirait
à qui mieux mieux de son côté.

Le petit ver était tout tiraillé.
Vers quel bec allait-il aller?

Furieux, les deux oiseaux, pour mieux se bagarrer et s'envoyer des coups de bec, lâchèrent leur proie...

qui leur échappa !

À défaut de ver de terre, ils s'en tirèrent avec chacun un bel œil au beurre noir.

Ou alors... discuter

Au lieu de se battre, les deux oiseaux discutèrent pour savoir à qui devait appartenir le ver de terre.

«À celui qui l'a vu le premier?»
Difficile à déterminer! «Au plus maigre des deux?»
Ils ont le même poids!

« On le tire à pile ou face ? »

C'est trop injuste !

« On le partage ? » Il est trop petit !

N'arrivant pas à se mettre d'accord,
les deux oiseaux partirent se coucher.
La solution sera pour demain.
La nuit porte conseil, c'est bien connu !

Ou alors... demander de l'aide

La situation semblait sans issue!

Les deux oiseaux convoquèrent alors le hibou pour les départager.
Le hibou les écouta tour à tour.

Après de longues
discussions
avec le hibou,
ils décidèrent
de laisser ce ver
tranquille

et d'aller
chasser
leur nourriture
dans
deux prés
séparés.

Quand on ne s'entend
pas à deux,
essayons
à trois !

Petits et grands, parlons-en...

*Les deux oiseaux se disputent
le même ver de terre.
Que faire quand deux personnes
veulent le même objet ?*

 ## se battre

Les deux oiseaux se battent.
Est-ce que cela t'arrive souvent ?
Que se passe-t-il quand tu te bats ?
Est-ce que tu penses que c'est une bonne solution ?

 ## ou alors... discuter

Les deux oiseaux discutent pour se mettre d'accord.
Il vaut mieux discuter que de se taper dessus.
Cela fait moins mal !
Parfois la solution est longue à trouver,
il faut être patient... et continuer à parler.

 ## ou alors... demander de l'aide

*Le hibou vient aider les oiseaux
à résoudre leur problème.*
Si tu étais le hibou, que dirais-tu aux oiseaux ?

Les chameaux et le dromadaire ???

Il était une fois...

Des chameaux qui
marchaient dans le désert,
roulant dignement
leurs deux bosses.
Un des leurs s'approcha
pour se joindre à eux.
Mais au lieu
de deux bosses, l'animal
n'en possédait qu'une.
C'était un dromadaire !

Comment se passera la rencontre ?

Le rejet

Devant le drôle d'animal
à une seule bosse, le troupeau
de chameaux partit d'un seul et énorme
éclat de rire moqueur !

Triste et rouge de honte
le petit dromadaire
repartit,
solitaire, dans le désert...

Ou alors... accepter la différence

Les chameaux curieux et intéressés l'entourèrent amicalement : « Quel est ton nom ? Qui es-tu ? D'où viens-tu ? »

Ils écoutaient les récits magnifiques
du dromadaire sur son pays.
Une chamelle en fut charmée
et le dromadaire tomba amoureux.

Ils furent heureux
et eurent beaucoup d'enfants...
à une et à deux bosses !

Ou alors...
être tous différents

Les chameaux regardaient, étonnés et craintifs, cet animal à une bosse.

Le petit dromadaire demanda au plus fanfaron d'entre eux de le suivre.

Ils arrivèrent devant un troupeau de dromadaires qui avaient tous une seule bosse sur le dos... et le chameau, avec ses deux bosses, ne faisait plus le fier !

Et oui, le monde est plein de « différents » !

petits et grands, parlons-en...

Les chameaux n'ont jamais vu de dromadaire ! Comment réagir face à quelqu'un qui ne nous ressemble pas, qui vient d'un autre pays, qui n'appartient pas à notre ville, notre école ou notre famille ?

Le rejet

Le dromadaire est rejeté par les chameaux parce qu'il n'a qu'une bosse.
Que ressent-il ? As-tu déjà ressenti les mêmes émotions ? À quelle occasion ?

ou alors... accepter la différence

Les chameaux écoutent le dromadaire.
C'est important d'écouter l'autre.
On se comprend mieux, on apprend des choses, on s'entend mieux. Qui aimes-tu écouter ?

ou alors... être tous différents

Entouré de dromadaires, c'est au tour du chameau de se sentir différent des autres.
Aurais-tu envie d'aller habiter sur une planète où les gens seraient différents de toi ?

Loups contre loups ??

Il était une fois...

Deux loups

qui marquaient

leur territoire...

à la manière des loups !

Mais les deux territoires

empiétaient

l'un sur l'autre.

Les loups se disputaient,

chacun voulant

avoir le morceau

de territoire qui,

pensait-il, lui revenait.

Comment régler ce casse-tête ?

Faire la guerre

Après avoir beaucoup crié,
beaucoup hurlé,
chacun des loups
appela sa meute à la rescousse.

Quand, estropiés, mordus, tordus,
les loups ne pouvaient plus se battre
ils appelaient d'autres loups.

Et cette guerre dura des années
et des siècles jusqu'à ce qu'il n'y ait plus
un loup vivant sur la Terre...

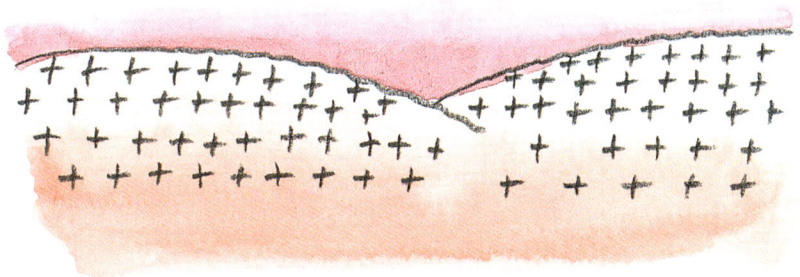

Ou alors... partager

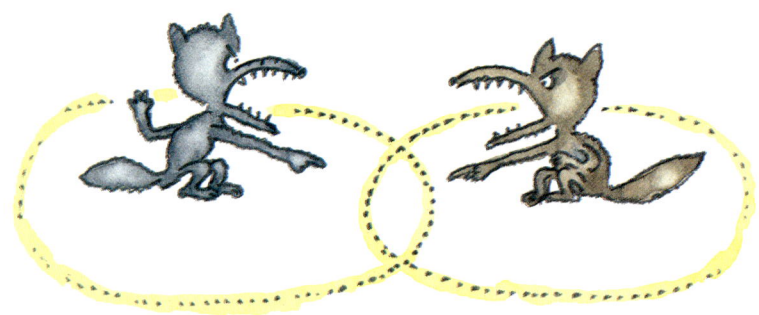

Un petit escargot s'approcha silencieusement des loups qui se disputaient.
Il traversa tranquillement le terrain et traça en bavant... une ligne de partage.

Le partage,
voilà la solution !
C'est tellement simple !

Ou alors... négocier

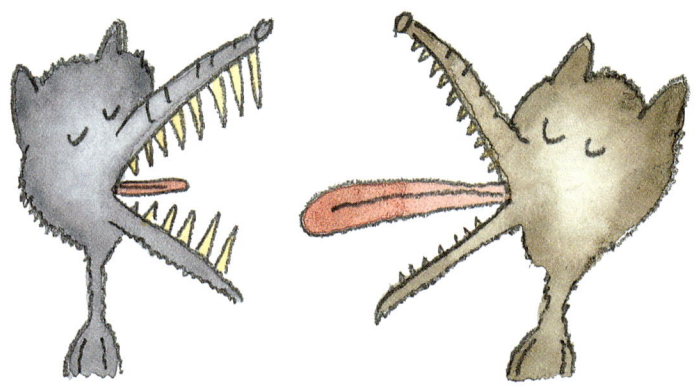

Les loups discutèrent pour trouver une solution à leur problème :
« Chacun à son tour pourrait profiter du territoire pendant une heure... »

« On pourrait couper le territoire en deux... »

« Celui qui aurait de plus grandes dents, ou la plus longue langue, aurait le plus grand territoire... »

Les loups parlaient, parlaient mais n'étaient toujours pas d'accord. Et pendant qu'ils parlaient, parlaient, un chat vint s'installer au milieu des territoires.

« Et voilà ! » dirent en chœur les loups, « donnons ce terrain au chat et n'en parlons plus ! »
L'accord était trouvé.

Petits et grands, parlons-en...

Deux loups se disputent le même territoire.
Cela peut se terminer de plusieurs façons.

Faire la guerre
Les loups sont blessés. Ils meurent.
La guerre n'est pas un jeu. Dans l'histoire,
il n'y a pas de vainqueur. Et quand il y en a un,
le vaincu est humilié et souvent la guerre recommence.
Connais-tu des pays en guerre ?

Ou alors... partager
Les loups partagent le territoire.
Aimes-tu partager ? Ce n'est pas si facile de ne pas tout
garder pour soi. Mais à la fin il n'y a ni gagnant ni perdant
et on ne se bat plus. Regarde comme les loups
ont l'air paisible après avoir partagé leur territoire.

Ou alors... négocier
Les loups cherchent un compromis en parlant.
Quand tu trouves un accord après une dispute, tu perds
un peu mais tu gagnes aussi un peu. Les accords évitent
les guerres. Parfois une troisième personne, comme le chat
de l'histoire, aide les ennemis à se mettre d'accord.

Le chat et la souris ???

Il était une fois...

Un gros matou

gourmand

qui dormait d'un seul œil

près d'un morceau

de fromage

qu'il gardait

précieusement

pour son goûter.

À son réveil,

surprise, le fromage

avait disparu !

Comment faire pour le retrouver?

Accuser

Immédiatement, le chat accusa la souris d'avoir volé son goûter pendant son sommeil.

La pauvre petite souris
avait beau nier et couiner,
le gros matou gourmand miaulait
de plus belle :
« J'avais un œil ouvert.
Je suis sûr, sûr
et sûr de t'avoir vue ! »

Vraiment sûr ?

Ou alors...
dire n'importe quoi !

Le chat prit l'araignée de la maison à témoin.
Puis ce furent les mouches, les rats et
les fourmis qui accusèrent la pauvre souris.

Partout on entendait :
«Toutes les souris sont voleuses,
elles ne disent jamais la vérité.
Elles volent toujours le gruyère à trous.»

Tous, toujours, jamais...
Attention ! Ces mots sont dangereux !
Ils peuvent cacher la vérité.

Ou alors...
S'entraider

Le gros matou appela la petite souris
à son secours :
« As-tu vu mon fromage ?
Aide-moi à
le retrouver. »

La souris partit d'un bon pas aider son ami
le chat à chercher le morceau de fromage.

L'union fait la force !

Et quel bon festin
pris ensemble !

Petits et grands, parlons-en...

**Le fromage du chat s'est envolé.
Comment réagir quand un objet disparaît ?**

Accuser
Le chat accuse la souris.
Attention à l'accusation sans preuves !
As-tu déjà été accusé injustement ? Qu'as-tu ressenti ?

Ou alors... dire n'importe quoi !
**Les animaux racontent beaucoup
de choses fausses sur la souris.**
Attention à la rumeur. Elle déforme la vérité. Connais-tu ce jeu ? Une première personne chuchote une phrase à l'oreille de son voisin qui la répète à son tour et ainsi de suite. La phrase de la fin ressemble-t-elle à celle du début ?

Ou alors... s'entraider
**Le chat demande à la souris de l'aider
à retrouver son fromage.**
Demandes-tu de l'aide à tes parents, à la maîtresse ou à tes grands frères et sœurs ? Et toi qui peux-tu aider ? Connais-tu des exemples de choses que l'on peut faire à plusieurs et qu'il est impossible de faire seul ?

La taupe et les ouistitis

Il était une fois...

Une taupe

qui creusait des tunnels

toute la nuit.

Quand le soleil se levait,

épuisée, elle s'endormait.

C'était l'heure

où les ouistitis

qui habitaient

l'arbre du dessus

se réveillaient

en un épouvantable raffut.

Comment la taupe et les ouistitis vont-ils voisiner ?

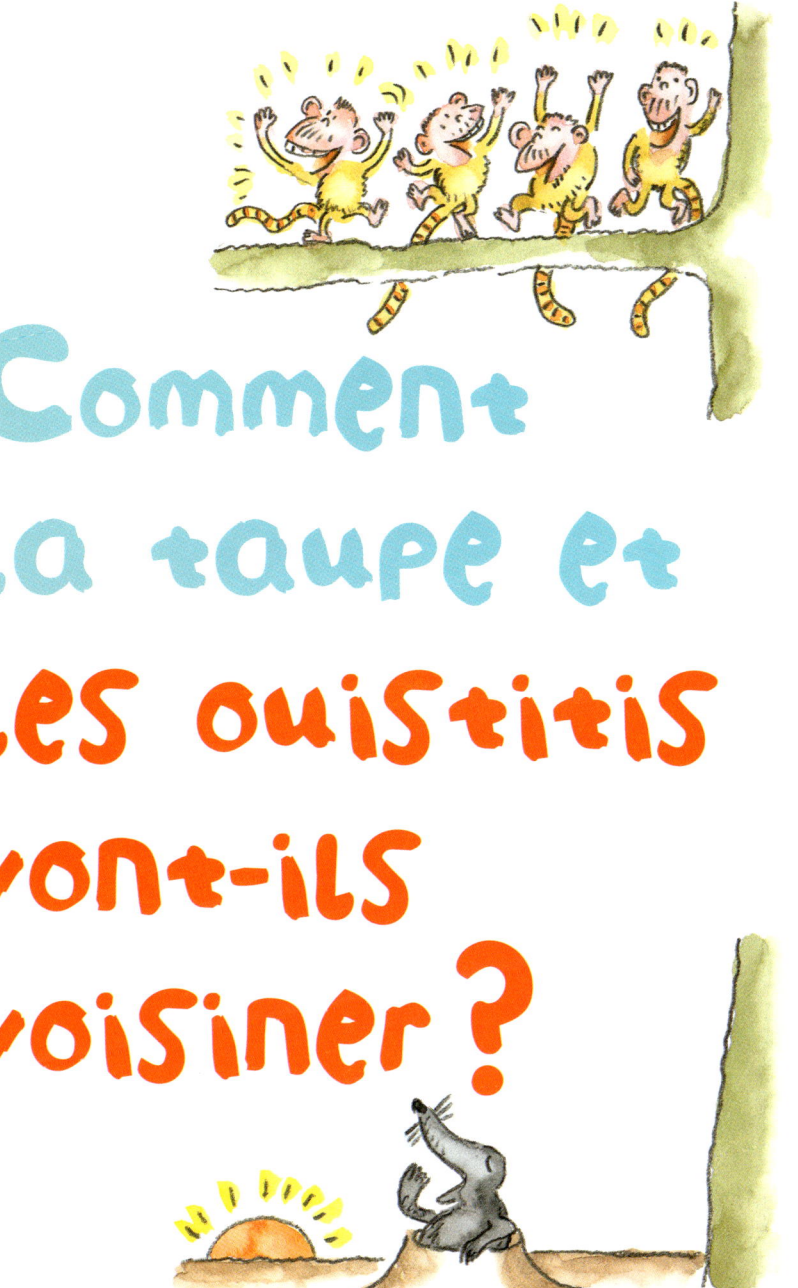

Se disputer

Furieuse, la taupe criait
pour les faire taire. Enervés,
les ouistitis en rajoutaient.

La taupe alors, pour se venger, faisait mille bosses autour de l'arbre des ouistitis qui faisaient de plus en plus de bruit et de saletés.

Aucune solution à l'horizon !

Ou alors...
S'en aller

Épuisée par le bruit, la taupe décida d'aller creuser son nid loin de l'arbre des ouistitis.

Mais une vache passa par là...

Et l'histoire recommença!

Ou alors...
discuter

Au lieu de taper, crier
et s'énerver, la taupe
rendit visite aux ouistitis.

Ils firent connaissance
et chacun expliqua
sa façon de vivre.

Ils se sont organisés.

Et la paix fut signée !

Petits et grands, parlons-en...

Quand la taupe s'endort, ses voisins les ouistitis se réveillent en faisant beaucoup de bruit. Que faire quand on est dérangé par ceux qui vivent près de nous ?

🦆 se disputer

La taupe crie et les ouistitis aussi.
S'énerver ne sert à rien.
Tout le monde crie et personne ne s'écoute.
Tu partages peut-être ta chambre avec un frère ou une sœur. Vous êtes-vous déjà disputés ?

🦆 ou alors... s'en aller

La taupe s'éloigne des ouistitis pour trouver le calme.
À ton avis est-ce une bonne solution ?
Pourquoi ?

🦆 ou alors... discuter

La taupe et les ouistitis s'organisent pour pouvoir vivre les uns près des autres en toute tranquillité.
En parlant on trouve des solutions.
Comment se sont organisés la taupe et les ouistitis pour pouvoir vivre en paix ?

Le gros cochon et le petit cochon ???

Il était une fois...

Deux cochons

à la queue

en tire-bouchon.

L'un était grand, gros,

rond comme un ballon.

L'autre était petit,

rabougri et un peu gris.

Un loup du voisinage

faisait très peur

au petit cochon

maigrichon.

Face à ce loup, comment vont réagir nos deux larrons ?

Menacer

Jours et nuits, Gros Cochon faisait peur à Petit Cochon. Sans cesse, il lui parlait du loup.

Gros Cochon le menaçait : Petit Cochon devait lui obéir ! Sinon, à son signal, le loup allait le découper, le saler, le saucissonner...

Mort de peur, Petit Cochon
se cachait, se taisait et
obéissait à Gros Cochon.

Terrorisé, il maigrissait
de jour en jour jusqu'à devenir un...
minuscule petit cochon.

Ou alors... être lâche

Un jour, les deux cochons se trouvèrent nez à nez avec le loup, armé de son gros couteau.

Terrorisé, Petit Cochon supplia lâchement : « Ne me saucissonnez pas je suis petit et rabougri vous n'en tirerez rien de bon.

Prenez plutôt Gros Cochon,
voyez comme il est rond,
vous en ferez
de bons jambons ! »

Ou alors...
protéger

Comme toujours, Petit Cochon tremblait de peur à chaque fois qu'il rencontrait le loup inquiétant.

Gros Cochon le rassura :
je suis grand, gros, fort et rond
comme un ballon.
Je te prends sous ma protection.

On a toujours besoin d'un plus grand
que soi. Tous les loups du monde
n'ont qu'à bien se tenir !

Petits et grands, parlons-en...

Un loup fait très peur à Petit Cochon
qui est accompagné de Gros Cochon,
plus grand et plus fort que lui.
La peur peut provoquer différentes réactions.

 ## menacer

**Gros Cochon profite de la peur que le loup inspire
à Petit Cochon pour le terroriser encore plus.**
On se sent très mal quand on a peur. Cela fait souffrir.
Que fait Petit Cochon quand Gros Cochon le terrorise ?
Si quelqu'un te fait peur, il faut en parler à un adulte. Il t'aidera.

 ## ou alors... être lâche

**Par peur d'être mangé, Petit Cochon
dit au loup de s'attaquer à Gros Cochon.**
Attention, par peur, on peut dénoncer quelqu'un
qui n'a rien fait. Dans cette histoire le loup est-il méchant ?
Il faut parfois se méfier des apparences.

 ## ou alors... protéger

Gros Cochon décide de rassurer Petit Cochon en le protégeant.
L'union fait la force.
Est-ce que tu as déjà protégé un plus petit que toi ?

Puig Rosado est né un 1er avril en Espagne,
ce qui n'est pas le cas de Sylvie Girardet.
Elle raconte les histoires et il dessine.
À eux deux ils font des livres drôles et sérieux à la fois.
Puig Rosado dessine aussi pour les expositions
que Sylvie Girardet organise au Musée en Herbe à Paris,
un musée réservé aux enfants,
où l'on découvre l'art, les sciences et beaucoup
d'autres choses en jouant et en s'amusant.

Imprimé en France par Clerc s.a.s. à Saint-Amand-Montrond - n° 9120
Dépôt légal : 42436 - juillet 2007